# Cour de Cassation.

# CAUSES DE LIBERTÉ.

## MARIE SAINTE PLATON,

### DE LA MARTINIQUE,

### *Réclamant les quatorze Libertés*

### DE SON MARI ET DE SES ENFANTS

### OU PETITS-ENFANTS.

MARIAGE ENTRE LIBRE ET ESCLAVE.

AFFRANCHISSEMENT DE DROIT.

INDIVISIBILITÉ DE LA FAMILLE.



1847.

# QUESTIONS.

Lorsque des esclaves appartenant par indivis à plusieurs copropriétaires ont été déclarés libres par jugement, l'appel peut-il remettre leurs libertés en question, s'il n'est pas interjeté *par tous les copropriétaires ?*

L'affranchissement résultant du mariage d'une esclave avec une personne libre, aux termes de l'ordonnance royale du 11 juin 1839, ne peut-il avoir lieu qu'autant que le mariage *serait célébré civilement ?* — Les mariages mixtes entre libres et esclaves ne restent-ils pas au contraire régis par le Code noir, l'ordonnance de Blois et la déclaration de 1639, qui prescrivent la célébration *dans les formes observées par l'Église ?*

Sous l'empire de cette législation, doit-on déclarer nul un mariage précédé des publications au prône prescrites, mais célébré au domicile de l'un des époux, à cause de sa maladie grave, et en présence de deux témoins seulement ?

Le mariage d'un esclave avec une personne libre, doit-il nécessairement être consenti par tous les copropriétaires auxquels l'esclave appartient en commun ? — *Le consentement d'un ou de plusieurs d'entre eux* ne suffit-il pas pour ce mariage, comme en droit romain, pour l'affranchissement ?

Indépendamment des effets du mariage pour l'affranchissement de la famille tout entière, ne devait-on pas déclarer libres les enfants *impubères* d'une esclave affranchie par rachat volontaire, en vertu du principe d'indivisibilité de la famille consacré par l'art. 47 du Code noir ?

Imprimerie de Ph. Cordier, rue du Ponceau, 24.

# MÉMOIRE

POUR

## MARIE SAINTE PLATON,

Affranchie de la Martinique,

### RÉCLAMANT LES QUATORZE LIBERTÉS

DE SON MARI ET DE SES ENFANTS OU PETITS-ENFANTS ;

CONTRE

*LES COPROPRIÉTAIRES DE L'HABITATION SUCRERIE*
*LE CASSE-COU.*

Une nouvelle famille noire implorant sa délivrance est aux pieds de la Cour suprême, et cette cause emprunte à des circonstances particulières un grave et puissant intérêt. Ce n'est pas seulement du principe de l'indivisibilité de la famille naturelle, c'est aussi d'un mariage légal entre la mère libre et le père esclave, que doivent sortir les libertés réclamées.

## FAITS.

A la Martinique, sur l'habitation sucrerie dite *le Casse-cou*, appartenant aujourd'hui indivisément à divers copropriétaires, vivaient deux esclaves, *Marie Sainte* et *François* dont l'union persévérante avait donné le jour à de nombreux enfants.

En 1840, à l'aide du pécule commun, Marie Sainte put se racheter. Elle était alors âgée de 46 ans et mère de treize enfants ou petits-enfants. Dans les anciennes habitudes coloniales, une pareille fécondité avait pour récompense ordinaire l'affranchissement gratuit, la restitution de la liberté naturelle si utilement absorbée dans là possession du maître.

L'acte de rachat est à la date du **23 mars 1840**, *et consenti par M. Desvergers de Chambry, l'un des copropriétaires de l'habitation le Casse-cou, administrateur pour tous les autres, depuis* 1840. C'est une *vente* de l'esclave Marie Sainte au sieur Michel Aristote, agissant pour elle, au prix de 1000 fr.

Aussitôt, une déclaration d'affranchissement fut faite, et *aucune opposition n'étant survenue* dans le délai légal, Marie Sainte fut régulièrement pourvue d'un titre de liberté délivré par le gouverneur de la Martinique, qui lui attribue les noms de *Marie Sainte Platon.*

Elle laissait en la possession de ses anciens maîtres le compagnon de sa vie, François, et les enfants qu'elle en avait eus, dont trois *Marie-Luce, Hedwige,* et *Anatole,* étaient encore impubères. Elle emportait au moins l'espérance de les délivrer.

Marie Sainte et François avaient des sentiments religieux ; ils aspiraient à légitimer leur union, autant qu'à devenir libres. En 1842, sur leurs instances, le consentement nécessaire pour ce mariage, quant à François resté esclave, fut donné par M. Desvergers de Chambry, représentant de ses cointéressés qui avait déjà consenti au rachat de Marie Sainte.

Le mariage fut célébré aussitôt, le **8 novembre 1842**, devant le curé de la paroisse du *François,* sur l'habitation le Casse-cou, *à cause de la maladie grave de l'époux* ; et il en fut dressé acte constatant, outre cette circonstance, les *publications accoutumées antérieurement faites au prône,* et *la présence des sieurs Desvergers de Maupertuis,* et *Desvergers de Chambry, copropriétaires l'un et l'autre de l'habitation le Casse-cou, qui ont signé avec le curé.*

Il est d'ailleurs à remarquer que les publications n'avaient provoqué aucune opposition à ce mariage publié et célébré dans la commune où résident neuf des copropriétaires de l'habitation le *Casse-cou*, et sur cette habitation même où réside notamment M^me de la Pommeraye plaidant aujourd'hui contre Marie Sainte Platon.

Dans ces faits, se trouvaient pour la famille esclave, deux sources de liberté.

D'abord, aux termes de l'ordonnance du 11 juin 1839, art. 1, n° 2, François, esclave, ayant contracté mariage avec une personne libre, était *affranchi de droit*, avec *les enfants antérieurement issus des deux conjoints*.

Puis, en tout cas, aux termes de l'article 47 du Code noir et de l'arrêt *Virginie*, les trois enfants impubères séparés de leur mère par l'affranchissement de celle-ci, devaient être libres avec elle.

Une réclamation de liberté, appuyée *sur ce double fondement* (voir l'assignation produite), fut portée par Marie Sainte Platon devant le tribunal civil de Saint-Pierre.

Un jugement de M. le juge royal Meynier, en date du 26 mai 1846, déclara *libres de droit* François et les treize enfants ou petits enfants issus de lui et de Marie Sainte Platon ; savoir:

1° *Jean Philippe*, né le 3 janvier 1816 ;
2° *Anna*, née le 5 février 1839 ;
3° *Noël*, né le 30 mai 1841 ;
4° *Cléry*, né le 31 décembre 1843 ;
      (Ces trois derniers, enfants de *Nancy* dite *Annecy* décédée le 31 décembre 1845.)

5° *Alexandre*, né le 8 février 1821 ;
6° *Sainte-Catherine*, née le 15 mai 1823 ;
7° *Sainte-Croix*, née le 18 octobre 1824 ;
8° *Adrien*, né le 16 mai 1825 ;
9° *Élisa*, née le 22 juin 1826 ;
10° *Eldof*, enfant de la précédente, né le 15 décembre 1845 ;
11° *Marie Luce*, âgée de 16 ans ;
12° *Hedwige*, âgée de 14 ans ;
13° *Anatole*, âgée de 10 ans.

Cette sentence de liberté, très-remarquable par la puissance et la haute raison des motifs dont elle est appuyée, fut rendue *par défaut, après itérative assignation, contre la plupart des copropriétaires de l'habitation le Casse-cou,* que Marie Sainte Platon avait tous mis en cause.

Il y eut appel, mais seulement par les *cinq héritiers Gallet,* et par *la dame de la Pommeraye,* c'est-à-dire par *six intéressés, sur dix-sept.* Les onze autres s'abstinrent de toute adhésion à l'appel de leurs copropriétaires, comme auparavant ils s'étaient abtenus de toute défense à la demande de Marie Sainte Platon.

Un arrêt infirmatif est intervenu le 28 avril 1847, sous la présidence de M. Morel, assistants MM. Selles, Ristelhueber, conseillers, Mosse et Duplaquet, conseillers-auditeurs.

Aujourd'hui, la Cour suprême est saisie du pourvoi formé par Marie Sainte Platon contre cet arrêt.

## OUVERTURES A CASSATION.

### I<sup>er</sup> MOYEN

#### Violation de l'autorité de la chose jugée.

— Sur la demande de Marie Sainte Platon, dirigée contre les dix-sept copropriétaires de son mari et de ses enfants, le jugement de première instance avait déclaré libres *François* et les treize enfants issus antérieuremeut des deux époux.

Les cinq héritiers Gallet et la dame de la Pommeraye ayant seuls interjeté appel, le jugement se trouvait avoir acquis force de chose jugée à l'égard des autres intéressés. En d'autres termes, la famille esclave avait irrévocablement conquis sa liberté contre onze des copropriétaires, par leur acquiescement à la décision du premier juge.

Or dans ces circonstances de la cause, la Cour royale ne devait pas même recevoir l'appel des héritiers Gallet et de la dame de la Pommeraye isolés de leurs cointéressés.

La liberté, est en effet, *indivisible,* et *inamissible.* Reconnus libres à l'égard du plus grand nombre des propriétaires, les affranchis ne pouvaient être considérés comme étant encore esclaves à l'égard des six appelants. Il aurait fallu que tous les intéressés interjettassent appel, pour que le titre de liberté, c'est-à-dire le jugement, restât soumis à discussion.

Admettant, si l'on veut, l'indivisibilité de la cause, même à l'égard des maîtres, on ne saurait prétendre que l'appel de l'un profite aux autres. Car, s'il en est ainsi en matière ordinaire, les causes d'affranchissement, *causes privilégiées*, échappent à l'application de ce principe. On n'admet pas assurément, que la plus minime fraction de la copropriété puisse par sa résistance isolée, tenir en échec, ou même anéantir la liberté passée en force de chose jugée envers tous autres contradicteurs. Là s'appliqueraient au besoin des principes consacrés par le droit Romain, en matière de copropriété d'esclaves, et que nous aurons à rappeler bientôt (1).

Des conclusions formelles avaient été prises pour Marie Sainte Platon, tendant à ce que l'appel fût déclaré *non recevable*, avant d'être déclaré mal fondé.

L'arrêt viole l'autorité de la chose jugée, en ne faisant pas droit à ces conclusions.

## IIe MOYEN.

Violation de l'ordonnance royale du 11 juin 1839, sur les affranchissements, article 1, n° 2. — Violation des articles 9 et 10 de l'édit de mars 1685, Code noir. — Fausse application du même article 10, ensemble de l'article 40 de l'ordonnance de mai 1579, dite de Blois, et de l'article 1er de la déclaration du 26 novembre 1639. — Violation de la loi 1re, § 1er et de la loi 2e, au Code, *de communi servo manumisso*.

— Nous reconnaissons avant tout, avec l'arrêt, que juridiquement, un mariage valable, consenti par le maître de l'esclave, peut seul opérer l'affranchissement de droit, aux termes

_____________

(1) Voir page 12 de ce mémoire.

de l'ordonnance du 11 juin 1839, et qu'en fait il n'y a eu qu'un mariage religieux. Mais est-il vrai que ce mariage soit inefficace par sa nature même, ou nul pour inobservation des solennités requises par la législation qui lui serait applicable, et pour défaut de consentement des propriétaires?

Sur ces divers points, des observations rapides suffiront à la critique de l'arrêt.

I.

Le mariage religieux suffit-il?

Cette question revient à savoir quelle loi régit les mariages mixtes entre libres et esclaves.

Sous l'empire du Code noir, jusqu'à la loi du 18 juillet 1845 antérieure aux faits du procès, l'esclave n'est qu'une chose, un bien meuble, sans personnalité civile. Il ne s'en suit pas qu'il ne puisse contracter mariage, car dans l'ancienne législation, le mariage est un sacrement avant d'être un contrat, et le Code noir, peu conséquent avec son principe de l'*homme chose*, ou *meuble*, ne refuse à l'esclave aucun des bienfaits de la religion. Cet esclave peut donc se marier, et son mariage est célébré dans les mêmes formes que celui des libres, c'est-à-dire *dans les formes observées par l'église* (art. 10 du Code noir). S'agit-il d'une union mixte entre libre et esclave, ce sont encore les mêmes solennités. C'est ce qui résulte de l'art. 9 du même Code. Il en résulte aussi que dans le cas au moins où il s'est agi de légitimer le concubinage d'un maître avec son esclave, le mariage ainsi contracté, devant l'eglise, produit des effets civils, par exemple, l'affranchissement et la légitimation des enfants.

Survient la réforme des lois politiques et civiles, sous le souffle d'une puissante révolution. L'état n'est plus dans l'église ; les registres des naissances, mariages et décès, passent des mains du clergé dans celle de l'autorité séculière. Le mariage devient un contrat essentiellement civil, et ne peut plus produire d'effets civils, s'il n'est célébré devant les officiers publics, dans les formes légales.

Mais ces nouveaux principes sont nécessairement restés sans application aux esclaves des colonies privés d'état civil et incapables de contracter civilement ; il n'y a donc pour leurs mariages, soit entre eux, soit avec des libres, il n'y a d'autres règles que les dispositions du code noir, même depuis les lois nouvelles.

Et en effet, le Code civil n'a pas été promulgué à la Martinique sans les restrictions qu'exigeait le maintien du régime colonial. L'arrêté de promulgation, du 16 brumaire an XIV, 7 novembre 1805, porte art. 2 : « Sont maintenues toutes *les lois*
» *qui ont réglé la condition des esclaves*, l'état des affranchis et ·
» de leurs descendants, et la ligne de démarcation qui a tou-
» jours existé entre la classe blanche et les deux autres, ainsi
» que les lois faites en conséquence de cette distinction » (1).

Ce régime d'exception, abrogé quant aux affranchis, n'a pas cessé d'exister quant aux esclaves. La loi récente du 18 juillet 1845, qui leur confère certains droits, notamment celui de se racheter, en a fait des *personnes non libres*, mais par cela même, des personnes restées en général dans les liens et dans les incapacités civiles de la servitude. L'émancipation seule les rendra capables de contracter civilement, comme les libres.

C'est pourquoi l'ordonnance sur les recensements portant aussi la date du 11 juin 1839, dispose, art. 21 : « Il sera statué
» par une ordonnance spéciale sur *les formes de la célébration*
» *du mariage des esclaves*, et sur l'inscription de ces mariages
» aux registres mentionnés en l'art. 18. »

De là il faut certainement conclure que ces formes ne sont pas celles établies par le Code civil, et qu'en attendant l'ordonnance à intervenir, le mariage célébré entre une personne libre et un esclave, conformément aux prescriptions du Code noir, c'est-à-dire *dans les formes observées par l'église*, est un mariage valable et susceptible de produire effet.

---

(1) Code de la Martinique, tome 5, page 75.

S'il n'en était pas ainsi, le mariage dans l'état de la législation, serait-il autre chose, pour l'esclave, qu'un vain jouet et une profanation ?

L'arrêt objecte qu'il n'y aurait pas de lien à l'égard du contractant libre. Mais ce lien existe légalement en vertu du Code noir, si le Code noir est la loi du contrat. Il résulte encore aujourd'hui du mariage religieux entre une personne libre et un esclave, comme il résultait autrefois du même mariage entre deux libres, soit aux colonies, soit en France. Le libre qui veut s'unir en mariage à un esclave subit nécessairement l'application de la seule loi qui puisse régulariser cette union, et qui conserve son empire dans le régime à part de l'esclavage. Cela peut être contraire à la législation générale actuelle. Mais tout n'est-il pas exceptionnel dans la possession de l'homme par l'homme ?

Il n'est pas plus exact de dire que dans le doute, l'état du libre, plutôt que celui de l'esclave, doit déterminer les formes de la célébration du mariage ; car pour l'esclave, il n'y a pas d'option ; la célébration *dans les formes observées par l'Eglise* est la seule possible... Et il faut cependant qu'il puisse contracter un vrai et légal mariage ; il faut que l'ordonnance royale qui lui donne la liberté pour prime de son union avec une personne libre, ne soit pas un vain leurre.

Au reste, les mariages mixtes entre libres et esclaves sont ordinairement célébrés, comme l'a été celui de Marie Sainte Platon, devant l'église : c'est le jugement de première instance qui en fait foi. Il ajoute que l'usage, la pratique constante, doivent être d'un grand poids dans la balance de la justice, lorsqu'il s'agit de deux choses aussi favorables que le mariage et la liberté. Jamais vérité juridique plus incontestable ne fut mieux à sa place.

Laissons donc les mariages mixtes entre libres et esclaves sous l'application de la législation exceptionnelle propre à l'esclavage colonial. Gardons-nous d'ajouter à l'ordonnance du 11 juin 1839 qui n'exige qu'une chose, *un mariage consenti par le maître*, sans s'expliquer d'ailleurs sur la nature ou la forme de ce mariage. Pour elle, sans aucun doute, le mariage valable et qui doit entraîner l'affranchissement, c'est celui que l'esclave peut contracter, devant l'église accessible à tous, et non devant la loi civile qui fait encore acception entre les enfants d'un même Dieu.

## II.

Maintenant il n'est pas difficile d'établir qu'au mariage de Marie Sainte Platon et de François, célébré devant l'église, on ne pouvait d'ailleurs reprocher aucune nullité, pour inobversation des solennités requises, ou pour défaut de consentement des maîtres de l'esclave.

Selon l'arrêt, il n'y aurait pas eu de célébration publique, ni en présence des témoins nécessaires, ni avec le consentement des propriétaires de François esclave. Examinons.

1°. *Célébration publique.* — L'ancienne législation comme la nouvelle, réprouvait les mariages *clandestins;* et c'est pour les empêcher qu'elle exigeait *des proclamations précédentes de bans.* (Ordonnance de Blois, et Déclaration de 1639, articles précités). Ces publications ont eu lieu, dans l'espèce; l'acte dressé par le curé en fait foi. Il est vrai qu'en outre, l'ordonnance de Blois porte : «*Et seront épousées publiquement*», ce qui veut dire, selon le commentaire de Guy Coquille, *en face de sainte Eglise.* Mais cette condition n'était pas exigée plus rigoureusement alors qu'aujourd'hui. Le Code civil veut aussi que le mariage soit célébré *publiquement* (art. 165), *dans la maison commune* (*art.* 75). Les auteurs et la jurisprudence s'accordent cependant à reconnaître que la célérbation *hors la maison commune* n'emporte pas nullité. Comment, en effet, annuler sous ce prétexte les mariages dans lesquels se trouvent d'ailleurs les conditions *essentielles*, la capacité des parties contractantes, leur consentement, celui de leurs pères, mères, tuteurs, et surtout *les publications précédentes* qui sont la principale garantie contre là clandestinité (1) ?

Au reste, il résulte de l'arrêt lui-même que si le mariage de Marie Sainte Platon et de François a été célébré sur l'habitation le *Casse-cou*, ce fut *à cause de la maladie grave de l'époux*. On ne pouvait donc s'arrêter, dans cette circonstance, au prétendu vice de clandestinité.

2° *Présence des témoins nécessaires*. — L'ordonnance de Blois et la Déclaration de 1639 prescrivent l'assistance *de quatre personnes dignes de foi*, disposition reproduite par l'art. 75 du Code civil. En fait, les sieurs Desvergers de Chambry et Desvergers de Maupertuis ont assisté au mariage, ce qui est constaté par l'acte de célébration. Etait-ce en qualité de *témoins*, ou de *copropriétaires de François leur esclave?* On ne saurait admettre avec l'arrêt qu'il y ait doute à cet égard. Le consentement seul des propriétaires est nécessaire, et non pas leur assistance au mariage. D'ailleurs le sieur Desvergers de Chambry les aurait représentés à lui seul, comme administrateur pour eux tous, de l'habitation indivise, de même qu'il avait stipulé seul au rachat de Marie Sainte Platon, sans opposition des autres. Ce sont donc évidemment *deux témoins* qui figurent à l'acte de célébration où leur signature se trouve avec celle du curé.

Cela entendu, le mariage est-il nul pour n'avoir été célébré qu'en présence de deux témoins, au lieu de quatre ? Non. C'est encore un point de doctrine et de jurisprudence constantes. Dans l'ancienne législation, comme dans la nouvelle, il n'y avait rien là *d'essentiel à la validité du mariage*, rien de pres-

---

(1) Locré, t. 1, p. 97. — Proudhon, t. 1, p. 220. — Merlin, Répertoire, verbo *mariage*, section 4, § 1. — Toullier, t. 1, n° 642. — Duranton, t. 2, n° 335. — Vazeille, t. 1, n° 250. — Zachariæ, t. 3, § 467. — Arrêts de la Cour de cassation des 22 juillet 1807 et 21 juin 1814. Sirey, 7. 1. 320, et 14. 1. 291. — Arrêts des Cours de Grenoble, 1815; Riom, 1829; Toulouse, 1824.

crit à peine de nullité, rien qui puisse déterminer l'annulation d'un pareil acte, pour inobservation d'une simple formalité extérieure, lorsqu'il satisfait d'ailleurs aux conditions de la loi (1).

3° *Consentement des propriétaires de l'esclave.* — Ici, la condition est essentielle ; mais on ne saurait prétendre qu'elle ne soit pas accomplie.

En fait, deux des propriétaires ont assisté à la célébration, et signé l'acte qui en a été dressé par le curé. L'un deux, le sieur Desvergers de Chambry était *administrateur*, *ou* NEGO-TIORUM GESTOR, *pour tous, depuis* 1840. Cette circonstance est ainsi articulée dans les conclusions de Marie Sainte Platon, devant la Cour royale, et l'arrêt ne la dément pas. On conçoit très-bien en effet que dix-sept propriétaires d'une seule et même habitation sucrerie, restant depuis longtemps dans une indivision volontaire, ont nécessairement un représentant, un défenseur des intérêts communs. C'est en cette qualité que le sieur Desvergers de Chambry avait, avant le mariage, con-senti un acte d'aliénation, le rachat de Marie Sainte Platon, sans aucune opposition des autres intéressés, qui, au contraire, ont approuvé fort probablement *une affaire avantageuse,* la vente d'une esclave âgée de 46 ans, au prix de 1,000 francs ! C'est en cette même qualité que le sieur Desvergers de Cham-bry a consenti, peu de temps après, au mariage. Enfin, après trois publications successives au prône, ce mariage a été célé-bré *sans opposition d'aucun des dix-sept propriétaires !* Voilà les faits.

Il est donc évident que tous ont consenti, d'abord par le consentement exprès de leur mandataire, et ensuite par leur propre adhésion tacite.

---

(1) Merlin, Répertoire, verbo *mariage*, t. 10, p. 316, § 3, 5° édition. — Toullier, t. 1, n° 643. — Arrêt de Grenoble du 27 février 1817. Sy-rey, 18. 2. 103.

Mais dans tous les cas, et en droit, le seul consentement personnel de l'un des copropriétaires suffisait.

L'arrêt a méconnu en ce point les principes du droit romain qui sont évidemment applicables à la cause.

En thèse générale, la vente de la chose d'autrui est nulle, et en conséquence un communiste ne peut à lui seul disposer de la chose commune. Mais ces règles incontestables ne devaient-elles pas recevoir exception en matière d'affranchissement ? Si la chose commune est un esclave, cet esclave est-il pour chacun des copropriétaires , *partim proprius*, *partim alienus*, en telle sorte que l'un puisse l'affranchir, et l'autre le retenir en esclavage, ou le vendre ? C'était un point disputé dans l'ancien droit : *Hoc vetustas in magnum extulit certamen*, dit la loi 2e au Code, *de servo communi manumisso*. Mais il était impossible, en définitive, de ne pas compter avec les droits imprescriptibles de l'homme réduit en servitude, avec la faveur due à la liberté. Aussi, pour solution, la même loi porte : « *Nos qui fautores libertatis sumus*, sic ambiguam
» testatoris interpretamur voluntatem, tanquam si volue-
» rit eum libertate, in suâ parte, donare. Et cùm jam de
» communibus servis manumittendis statuimus quid in hujus
» modi casibus fieri oporteat, ex illius sanctionis tenore et hujus
» modi species sit definita. FIAT ITAQUE LIBER , *ex parte quidem*
» *testatoris, secundùm ejus voluntatem*; *ex alterâ autem parte*,
» *ex nostrâ definitione*, pretio, secundùm prædictæ constitu-
» tionis tenorem, vel socio, vel sociis, *ab hærede* præstando ;
» vel si accipere noluerint, tàm eum offerendo, quàm consi-
» gnando et periculo eorum deponendo, »

Ainsi la liberté octroyée par l'un des copropriétaires ne peut-être empêchée par l'opposition des autres. Une part en est donnée à l'esclave par celui des intéressés qui l'affranchit ; l'autre, par la loi qui impose aux copropriétaires une sorte d'expropriation pour cause d'intérêt public, en les obligeant à vendre leur portion dans la chose commune. Voilà le droit ; voilà les principes qui seuls étaient assez vrais, assez généreux pour trouver place dans les constitutions des princes Bysantins. C'est ce qui est exprimé par les derniers mots de la loi qui vient d'être citée : IMPERIALE EST *humaniorem sententiam pro durioribus sequi.*

La Cour royale ne pouvait donc refuser les libertés réclamées, parce que tous les propriétaires de François esclave n'auraient pas consenti au mariage.

Si ce consentement est nécessaire, c'est parce que le mariage d'une esclave avec une personne libre emporte affranchissement. Or, à ce point de vue, le consentement d'un seul a suffi. Sa volonté d'affranchir n'a pu être paralysée par ses copropriétaires, sauf leur droit de réclamer la part qui peut leur appartenir dans la valeur des esclaves appelés à la liberté par l'effet du mariage.

L'arrêt ne fait que des objections impuissantes.

Le droit romain, dit-il, ne donnait pas à l'esclave en faveur de qui un désistement partiel avait eu lieu, le droit de réclamer le bénéfice de la liberté, sans désintéresser les autres ayants-droit. — C'est là une grave erreur, car ce n'était pas l'esclave qui devait l'indemnité, et sa délivrance n'était pas arrêtée par la créance des copropriétaires qui n'avaient d'autre débiteur que leur copropriétaire (*socius*), ou son héritier. C'est ce qui résulte expressément des mots *pretio, vel socio, vel sociis,* AB HÆREDE PRÆSTANDO.

On ajoute que l'ordonnance du 11 juin 1839 n'a pas modifié les règles de *la propriété.* — Cela est vrai ; l'ordonnance montre même un grand respect de la propriété, puisqu'elle exige le consentement du maître au mariage, laissant ainsi aux possesseurs d'esclaves la faculté d'empêcher tous mariages. Mais ce qu'elle exige, c'est le consentement *dans les termes du droit ;* et si d'après le droit, un seul des communistes peut consentir pour tous, comment la *propriété-homme* pourrait-elle crier à la spoliation ?

Il demeure établi en dernière analyse que le mariage de Marie Sainte Platon et de François, ne pouvait être annulé, soit pour inobservation des solennités requises, soit pour défaut de consentement des propriétaires.

### IIIe MOYEN.

Violation de l'article 4 de l'ordonnance organique du 24 septembre 1828 concernant l'ordre judiciaire et l'administration de la justice, à la Martinique et à la Guadeloupe, par défaut de motifs ; violation de l'article 47 de l'édit de mars 1685, Code noir.

— On a fait observer, et il est prouvé par la production de l'acte introductif d'instance, que la réclamation de liberté s'appuyait à la fois, pour les enfants impubères, sur le principe de l'indivisibilité de la famille, et pour tous, sur les effets du mariage contracté par une personne libre avec un esclave.

Le jugement de première instance, reconnaissant ce mariage valable, et par suite la famille tout entière libre de droit, aux termes de l'ordonnance royale du 11 juin 1839, a dû négliger l'application de l'article 47 du Code noir. Il s'exprime à ce sujet dans les termes suivants : « Attendu que l'article 1er « de l'ordonnance de 1839, étant dans son application à l'es- « pèce, plus large que l'article 47 de l'édit de 1685, il est « inutile de faire observer que *Marie Luce*, *Hedwige*, et « *Anatole*, SONT IMPUBÈRES, d'autant plus que les termes de « l'ordonnance de 1839 sont absolus et ne s'occupent point de « puberté ou d'impuberté. »

En Cour royale, au contraire, le mariage étant considéré comme nul, la liberté de droit accordée par l'ordonnance s'est évanouie ; et dès lors les juges avaient à examiner, pour épuiser la cause, si les trois enfants impubères ne devaient pas parvenir à la liberté comme inséparables de leur mère, et si la demande n'était pas au moins fondée en ce point.

C'est ce que l'arrêt attaqué n'a pas fait, bien qu'il repousse la réclamation de liberté, en termes absolus, même à l'égard des impubères , par l'infirmation pure et simple du jugement de première instance.

Nous reprochons donc avec raison à l'arrêt , *en la forme*, un défaut de motifs évident , car il se borne à discuter l'application de l'ordonnance de 1839 , nullement celle de l'art. 47 du Code noir ; *et au fond* , la violation de ce dernier article au mépris duquel trois impubères sont demeurés en esclavage, séparés de leur mère devenue libre. Tous développements sur ce point seraient superflus, en présence de l'arrêt Virginie et de tous ceux qui l'ont suivi.

Épuisée ici, au point de vue juridique seulement, cette cause si grave appellerait encore des considérations d'un autre ordre.

Les faits déposent en faveur des noirs. Ils mettent en saillie les bons sentiments, les aptitudes morales, la perfectibilité contestée d'une race entretenue systématiquement jusqu'ici dans l'ignorance et la grossièreté natives. Mais ces faits accusent en même temps, à la charge des maîtres, les résistances malheureuses que rencontre presque toujours l'esclave dans ses tentatives pour se relever de sa déchéance. Écoutez les défenseurs intéressés de la servitude : leurs ilotes ne sont que des brutes, mâles et femelles, *nec vir nec uxor*, sans cohésion par les liens qui unissent le père, la mère et les enfants, sans titres pour réclamer les droits de l'humanité prescrits contre eux...... Et lorsque les faits apportent d'éclatants démentis à ces systèmes impies, les pauvres noirs ont à disputer, contre des adversaires trop puissants, l'indivisibilité de leurs familles, la validité de leurs mariages, les libertés enfin qui peuvent provenir de sources si légitimes !

Triste spectacle que celui de tant d'efforts pour faire échouer cette cause sainte entre toutes, d'une mère de famille réclamant la liberté de son mari et de ses enfants, comme conséquence d'un mariage légalement contracté sous les auspices de la religion!

La Cour suprême y veillera. — Jamais peut-être, à ses hautes lumières, à sa libérale sollicitude ne furent confiés de plus grands intérêts que ce mariage à maintenir, et cette famille à constituer dans ses quatorze libertés.

**AD. GATINE,**

Avocat aux Conseils du Roi et à la Cour de Cassation.

Paris. — Imprimerie de Ph. CORDIER, rue du Ponceau, 24.